사랑, 그것은 삶의 가능성

# SOME WAYS OF LOVING ARE

어떤 사랑은 물 마시는 것과도 같은                          이광호

# LIKE DRINKING WATER

# 어떤 사랑은 물 마시는 것과도 같은

| | |
|---|---|
| 그림 · 글 | 이광호 |
| 디자인 · 발행 | 이광호 |
| 감수 | 신미림 |

Drawing and writing copyright © 2025 by leegwangho
Published and designed by leegwangho, Ilsan, Korea

ISBN 979-11-89885-35-9

| | |
|---|---|
| 펴낸곳 | 별빛들 |
| 출판등록 | 2016년 8월 10일 제 2016-000022호 |
| 전자우편 | lgh120@naver.com |

| | |
|---|---|
| 초판 발행 | 2025년 7월 7일 (小暑) |

이 책은 작가의 허락없이 무단으로 전부 또는 일부를 재사용할 수 없습니다. All rights reserved. No part of this book may be reproduced in any form without written permission from the publisher and the artist.

**SOME WAYS OF LOVING ARE
LIKE DRINKING WATER**

차례

waker 12

a wall raised by love 14

사랑은 18

not identified 22

faith, hope and love 23

from Geoje 24

in the diary 27

marriage 28

when i see you 29

spring 30

birthday 32

for me 34

skit 36

support 39

encouragement 40

in the diary 2 **43**

original intention **44**

그럼에도 불구하고 **47**

mother **48**

in the diary 3 **49**

at times **50**

when i see you 2 **51**

summer **52**

longing **56**

longing 2 **58**

longing 3 **60**

in the diary 4 **62**

baton **63**

better half **64**

grandma **68**

nostalgia **69**

fall 70

in the diary 5 73

skit 2 74

from Ilsan 76

christmas 78

in the diary 6 81

poem 82

when i see you 3 85

gravity 86

to me 89

friend 90

wedding anniversary 92

in the diary 7 96

me time 97

winter 98

link 100

in the diary 8 104

to me 2 105

skit 3 106

아무도 초라하지 않게 108

in the diary 9 113

목적 없이 우연히 태어났다. 무엇을 위해 살아야 하는지 모르다가 서른 중반쯤 우연히 깨달았다. 나는 여기 사랑하기 위해 왔구나.

# waker

 네가 나를 부른 것은 꺼진 방의 불을 켜는 일이었다. 나는 암흑처럼 깊은 방에서 오직 나의 존재를 추측하며 있을 뿐이었는데, 네가 나를 부름으로 여기 내가 존재하고 있다는 것이 확실해졌기에.

 너의 부름으로 나는 여기에 지금 있다.

 네가 나를 부를수록 너의 존재 또한 또렷해진다. 나를 부르기 위해서 너도 지금 여기 있어야 하기 때문에.

 너의 부름으로 너는 지금 거기에 있다.

 죽음이라는 상태는 불을 켤 수 없는 일일지도 모른다. 아주 깊고 어두운 방에서 나라는 존재를 추측하기만 할 뿐 진실로 존재하지 못하는 그런 일.

오랫동안 죽어봤던 사람의 그럴듯한 가정.

그런 생각을 한 이후로 나는 자주 불을 켜고 다닌다. 네가 나를 부를수록 네가 또렷해졌던 것처럼 나도 또렷해지고 싶어서. 존재하고 싶어서.

# a wall raised by love


 두 사람이 서로를 향해 서 있다. 표정을 잠근 채. 두 걸음 정도의 거리를 갖고. 나는 정적 속에서 어떤 사실을 직감한다. 저들 사이에 충돌이 있었음을. 그리고 그 가운데 사랑의 벽이 놓였음을. 각각 한 걸음씩 물러 선, 딱 두 걸음 만큼의 두께인 사랑의 벽. 나도 자주 가져봐서 아는 것.

 우리가 사랑을 하는 동안, 우리를 막막하게 괴롭히고 어떻게든 치워버리고자 하는 노력에도 다시 생겨나는 무형의 막. 우리는 그것을 사랑의 벽이라고 부르곤 했다. 사람들은 그 벽이 생겨나는 이유를 그때그때 다르다고, 수천 가지라고 분해하지만, 나는 안다. 그 모든 사유는 피상적이며, 사랑의 벽이 생겨나는 근원은 단 하나라는 걸.

 모든 시작은 가능성으로 이루어지 듯 사랑도 가능성으로 이루어진다. 어쩌면 저 사람, 내게 관심이 있을지도 모른다는 가능성. 내가 저 사람을 웃게 해 줄 수도 있겠다는 가능성. (…) 저 사람으로 인해 내가 행복할 수 있을 거라는 가능성. 다양하고도 수많은 가느다란 가능성의 대지에서 **사랑**은 태어날 준비를 한다. 우리가 알아챌 수 없을 만큼, 아주 작고 불완전한 모습으로.

사랑이 태어나게 되면, 우리는 짐작만 하던 사랑을 마주하게 된다. 그런데, 이 낯선 사랑이 정말 사랑이 맞긴 한 건지 의심되기도 되고, 갓 태어난 이토록 연약한 사랑을 내가 해도 되는 건지 불안하기도 해서 이 시기의 우리는 정말 끊임없이 깨물거나 꼬집어서 서로에게 확인을 구한다. 너는 나를 사랑하는지, 내가 기다린 사랑이 맞는지 …. 내가 처음 가졌던 가능성에 대한 확인들.

그리고 그 가능성이 상대로 하여금 마침내 확인이 되면 우리의 사랑은 김이 모락모락 나던 빨갛고 연약한 사랑에서 믿음이 구조화된 단단하고 핏기 빠진 분홍의 사랑이 된다.

우리는 본능적으로 알고 있다. 사랑이라는 걸 본

격적으로 시작하면 흥정 없는 생을 던져야 한다는 것을. 그렇기에 나의 몸과 마음이 저절로 반응하는 것이다. 가능성의 확인을 통해. 그리고 이 반응은 사랑에 진지한 사람일수록 더욱 강하게 일어난다.

우리는 이제 단단하고 토실한 분홍의 사랑을 즐길 것이다. 끊임없이 사랑을 약속하고 다짐하면서. 하지만, 그 즐기는 방식의 다름에 있어서 우리는 새로운 가능성을 만들어 낸다. 그리고 모든 시작이 가능성으로 이루어지듯 새롭게 만들어 낸 가능성의 대지에서 **사랑의 벽**이라는 것이 태어날 준비를 한다.

사랑의 벽을 탄생시키는 가능성은 단순하고 강하다. 모든 가능성을 블랙홀처럼 빨아들이는 '어쩌면 저 사람, 나를 사랑하지 않는 걸지도 몰라'라는 단 하나의 가능성.

과거의 내가 벽을 앞에 두고 울고 있다. 나에 대한 너의 배려가 느껴지지 않는다고. 너는 내가 원하는 것이 뭔지 모른다고. 이런 이유, 저런 이유. 피상적인 이유들이 나를 맴돈다. 하지만 맨 끝의 이유는 '날 사랑한다면 그럴 수 없어. 날 사랑하지 않는 걸지도 몰라.'였다.

　모든 시간을 막막하게 만드는 사랑의 벽 앞에서 우리는 참 많은 혼잣말을 한다. '사랑한다면 그럴 수 없어, 사랑한다면 이해해야지, 사랑한다면 사과해야지' 사랑— 사랑— 사랑—. 반복되는 문장들. 그 모든 말들의 전제는 하나다. 사랑. 사랑의 벽이 생겨난 이유에 대해 우리는 체면을 차리려 이런저런 상대의 행위를 붙이지만, 결국 사랑*만 있으면 뒤에 따르는 모든 행위는 정당해지고 무의미 해진다.

　그러니까 사랑의 벽 앞에 서 있는 우리는 사실 사랑을 받고 싶은 거다.

　언제가 사랑의 벽 앞에 서 있는 나를 본다. 내가 할 수 있는 것은 정해져 있다. '나를 사랑해 달라고' 말하는 것과 '그럼에도 불구하고 너를 사랑한다고' 말하는 것.

\*
주는 이가 사랑이라는 이름으로 속이고, 우기는 폭력이 아닌, 받는 이가 감각하고 받아들이는 사랑.

## 사랑은

틈만 나면, 사랑을 정의했다. 네가 하는 것이 무엇인지 궁금해서, 내가 하고 있는 것을 네게 설명하고 싶어서. 언어로 옮겨지지 않는 사유의 반복이 감정과 감정 사이의 간섭처럼 번거롭더라도.

스미는 이름을 나는 닦지 못했다.

언젠가 알아챈 사랑의 단서를 급하게 적었다. 너의 화장품이 나의 옷에 묻었을 때.

하얀 셔츠에 묻은 너의 화장품에선 좋은 향기가 났다. 너는 내게 어쩌냐 물었고 나는 농담으로 화장품의 이름을 물었다. 당연히 너는 화장품의 이름을 알려줬지만, 나는 여태 그것을 너의 이름으로 기억한다.

나는 너를 닦지 않았지만, 사실 닦지 못했다. 네가 너무 귀해서. 계속 있었으면 해서. 그렇게 너와 연결되어 있고 싶어서.

 이것이 사랑인가 싶었다. 무엇을 귀하게 여기는 마음. 지속하고 싶은 마음. 연결되고 싶은 마음.

 결국 사랑은 마음이구나.

 생각해 보면 내겐 그런 것들이 많았다. 하지만 어디 갔는지도 모를 그것들도 모두 사랑이었나 싶으면 내 사랑이 너무 헤픈 것 같아, 곁에 있는 너를 대고 비교해 봤다. 이제 사랑이라 부르지 않는 한때의 마음들을.

 언젠가 내가 너를 떠나려 한 적과 네가 나를 떠나려 한 적을 떠올린다. 우리는 왜 그랬을까. 그때 우리는 서로 사랑하지 않았나. 그때의 너와 내 앞에 서서 묻는다.

 사랑이 끝난 거니.
 그럴지도요. 너무 힘들거든요.

 너와 나는 종종 착각했다. 떨어지면 괜찮아 질지

도 모른다고. 그만하면 나아질 거라고. 떨어져 본 적 없어서 했던 거뭇한 착각들. 그래서 너는 너의 마음을 잊었고 나는 나의 마음을 잊었다.

 다행히 우리는 서로를 닦아내지 못했다. 내내 서로를 훔쳐보았고, 서로를 상상했다. 그렇게 너는 너의 마음을, 나는 나의 마음을 다시 알아차렸다. 네가 내게 너무 소중한 사람인 것을, 여전히 곁에 두고 싶음을, 너에게 가고 싶음을.

 깨달음은 동시에 해방되었던 깨달음을 소환한다. 되풀이해야 하는 형벌과 몰려들 소음과 진흙 같을 기다림을.

 '그럼에도 불구하고… 그럼에도 불구하고 너를….' 우리는 저주를 풀어내는 주문을 외우 듯, 두 개의 문 앞으로 나아가고 노크를 한다. 너 거기 있냐고. 나 여기 있다고.

 오래된 너와의 이야기를 들추어 한때의 마음들은 갖지 못한 것을 골라낸다.

그럼에도 불구하고 너라는 마음.

남은 생이 모두 가시와 같을 수 있다. 그래도 가겠느냐.
네. 그럼에도 가겠어요.
아무런 대가와 보상은 없다. 그래도 가겠느냐.
네. 그럼에도 불구하고 가겠어요.

네게 현혹되어 기어코 나의 생을 팔아넘기겠다는 것이 아니다. 너를 귀하게 여기는 마음, 너와 계속 함께 하고 싶은 마음. 그 마음들이 너무 소중해서, 좋아서, 계속하고 싶어서 지키고 싶은 거다. 나의 모든 생이 같은 각오로 아끼는 나의 마음을.

'사랑은 결국 마음의 마음이구나.'라는 생각을 한 해에 나는 투명한 피부에 '사랑은 그럼에도 불구하고'라는 문장을 옮겨 적었다.

이리 와봐. 다 됐어.
잠깐만-.

여태 너는 거기, 나는 여기. 부르면 달려 올 거리에 있다.

## not identified

 예상할 수 없는 내 마음을 내 것이라 부르는 것이 우스워졌다. 근데 또 내 마음을 내 것이라 부르지 못하면 도대체 내 것이 무엇이 있나 싶은데, 뜯어고쳐 따져봐도 몸과 달리 통제하지도 못하는 마음을 내 것이라 부르는 건 그저 전능환상 같기도 했다.

 오랫동안 걸으며 하나둘 내 것이라 여기고 붙여왔던 나의 이름표를 떼어봤다. 그러자 한켠에서 왜 일생과 맞바꿔 얻어낸 것들을 스스로 포기하냐고 묻는다. 그러자 다른 한켠에선 진실로 그것들이 모두 내 것이 맞냐고 다시 묻는다.

 나는 어떤 것에도 답을 못 했다. 하지만, 내 것과 내 것이 아닌 것으로 나누는 일만 하다가 끝난 하루가 너무 가여웠다.

# faith, hope and love

　연애는 '저 사람이 나를 사랑한다'라는 믿음으로 시작되고 지속되지만, 결혼은 '저 사람과 함께면 살 수 있겠다'라는 희망으로 시작되고 지속된다.

# from Geoje

 고요한 객실에 서서 창 밖의 바다를 본다. 아무것도 하지 않고. 능동적인 무위이자 회복적 정지. 그렇게 얼마나 가만히 있다 보니, 하나의 생각이 형체를 갖는다. 무언가를 가질 수 있다면 돈도 힘도 아니라 한 평의 바다를 가지고 싶다던 너의 말이 떠올라서.

 내 앞에는 딱 내 앞만큼의 바다가 내 것처럼 놓여 있다. 몇 평쯤 될까. 이곳에 서서 나는 알았다. 네가 말한 그 바다는 물리적인 부피가 아니었다는 것을. 어떤 감정의 총량, 혹은 세상으로부터 자신을 철회할 수 있는 최소한의 장소였다는 것을. 바다는 네게 휴식도 아니었고, 즐거움도 아니었고, 목표도 아니었다. 그것은 던짐을 위한 장소. 부박한 어제와 불안한 내일을 죄책감 없이 흘려보낼 수 있는 어딘가. 바다는 항상 무표정해서 그것만큼 위로가 되는 게 없어서.

지금 내 앞에 그런 바다가 놓여 있다. 시선을 보내면 잠시 내 것이 되는 바다. 물결은 반복을 통해 존재를 입증하고, 그 되풀이 속에서 시간은 느슨해진다. 나는 물결을 보며 하나 둘 던진다. 순간, 너와 비슷한 마음을 갖는다. 주저 없이 던져도 되는 곳. 진짜 나의 바다가 갖고 싶다고.

당연하게 침범해도 되는 장소, 필요할 때마다 힘들이지 않고 던져서 버릴 수 있는 곳, 그럼에도 아무 말 없이 나를 받아주는 존재, 흔들리지 않는 외면으로 나의 모든 흔들림을 잠재우는 풍경.

이곳에 네가 있으면 좋겠다고 생각했다. 어떤 마음은 말해지기보다 몸으로 도착해야만 성립되는 법이니까. 생각해 보면, 지금 이 바다가 더 필요한 쪽은 나보다는 너일지도 모르겠다. 지난밤 무겁게 잠가진 너의 얼굴이 얼마나 많은 것들을 버리지 못하는 중인지 보여주고 있었기에.

창을 열자 공기가 기울었다. 그 기울어짐 속에서 바다가 나에게 스미는 듯한 착각을 느꼈다. 아니다. 내가 바다로 스미는 듯한 착각을 느꼈다. 마치 나도 누군가의 바다가 될 수 있다는 목소리 같았다.

## in the diary

　너와 호수공원 달리기를 했다. 밤공기가 바캉스 같았다. 돌아오는 길에 수박주스 하나를 나눠 먹고 집에서 오래된 영화를 보기로 했다.

　큰돈이 없어도 호화로운 밤이다.

# marriage

결혼은 나의 성을 스스로 무너뜨리는 일.

그동안 내가 옳다고 생각하고 쌓아 올린 모든 것들을, 나를 이루고 있는 것들이라 생각하고 지켜낸 모든 것들을 스스로 외면하고 파괴하는 일.

그렇게 지난 내 모든 삶을 이루고 있던 것들의 무덤 위에서 이것들이 사실 내 삶을 이루고 있던 것이 아니었구나, 그토록 아등바등 지켜냈던 것들이 별거 아니었구나를 깨닫는 일.

결혼은 나의 성에 너를 초대하는 것이 아니었고, 내가 너의 성으로 귀화하는 것이 아니었음을.

## when i see you

인간은 우주의 먼지라는 말을 좋아한다.

너는 그저 잠이 많은 먼지.

나는 걱정하지 않는다.
걱정 많은 먼지는 너무 슬픈 먼지가 돼. 무거운 마음이 결국 바닥으로 끌어내릴 테니까. 그래봤자 그것도 먼지이겠지만.

어떤 먼지는 춤을 춘다.
누군가의 숨결에 떠올라, 빛을 맞고, 팔랑거리며.

나도 즐거운 먼지가 되고 싶다.
살랑살랑 춤을 추는 즐거운 먼지.

모든 것은 결국 진짜 한낱 먼지일테지만.

## spring

길가 구석에 벚꽃잎이 쌓였다
한 철 지나간 축제의 뒷모습처럼
말없이 쌓여있다

그 옆에 민들레가 피었다
조용히 피어 있다
누가 심은 것이 아니라는 것처럼
자기 자리를 아는 얼굴로

꽃들은 사실 항상 피어 있는 중이었는지도 모르겠다

나는 테라스에 앉아
커피를 마신다
눈을 감으면
꼬였던 것들이 조금 느슨해진다
바람이 붙는다

햇빛이 무릎을 덮는다
테라스의 계절이구나

봄에 대해 말하고 싶어
봄의 일, 봄의 음식, 봄의 노래
말하고 있는 동안엔
그게 다 내 것이 되는 것 같아서

이 장면을 돌아서면 나는 다시 책상에 앉을까
다시 사람들과 적당히 하루를 지울까
아까운 장면들
영화관에 걸지 않는 영화
봄의 숙명

거리에는 라일락 향기가 퍼지고
모르는 사람들과
멈춰 선 사람들이
웃는다
봄에 놓인 운명

곧 다른 축제가 시작될 거다
어쩌면 이미 시작되어 있는 중인지도 모르겠다

# birthday

 생일은 한 사람의 태어남을 기념하는 일이라고 배워왔다. 이 세계에 처음 도착한 날. 울음으로 증명된 첫 호흡, 어느 집의 불이 꺼지지 않았던 밤. 하지만 해가 갈수록 그 기념은 점점 멀어진다. 태어남은 시간의 가장 먼 지점에 자리하게 되고, 그보다 더 가까운 감정은 '여전히 존재하고 있다'는 사실 쪽으로 옮겨간다.

 그러므로 생일은, 태어났다는 한 번의 사건을 축하하는 것이 아니라 여전히 존재하고 있다는 지속을 인정하고, 그 지속 위에 작은 축제를 얹는 일이다.

 숨 쉬는 방식이 변하고, 울음은 목울대 아래에서 멈추게 되었고, 마음은 말을 통과하면서 모양이 흐려졌지만, 우리의 존재는 여전하다. 살아 있다는 것. 때로는 단지 그 사실만으로도 기념되어야 한다는 걸, 시간을 오래 견디고 나면 조금씩 알게 된다. 그리고 누군가가 여전히 이 세계를 살아내고 있다는 사실이 생각보다 더 많은 것들을 바꿔 놓는다는 걸.

우리의 존재는 특별한 사건 없이도 특별한 감각을 만들어내고, 그 감각은 다시 세계를 덜 외롭게, 덜 무색하게 만든다. 그렇게 누군가의 조용한 존재가 또 다른 누군가의 시간에 조명을 드리운다. 존재가 존재에게 미치는 방식은 말보다 작고, 손보다 느리지만, 기억보다 더 오래간다.

그리하여 그 살아 있음 앞에 우리는 무언가를 건네고 싶어진다. 장식 없이 닿을 수 있는 감정의 형태. 축하라는 말이 낯설지 않을 정도의 확실한 움직임.

사람이 사람에게 기념일이 되는 순간이 있다. 그 순간은 아주 오래 전부터 예고되었는지도 모르겠다. 말을 줄이는 방향으로 흐르기보다는 조용히 몸을 기울이는 쪽으로 움직인다. 지나치지 않기 위해, 손을 뻗는다. 그냥 지나치지 않기 위해.

# for me

 나의 하루는 귀하다. 하루의 시간은 짧고, 짧아서 금방 흐르고, 흘러서 흐릿하다. 이 잊히기 쉬운 하루를 어떻게 구성할 것인가. 이 질문은 나를 얼마나 사랑하는지의 문제와 맞닿는다.

 나는 몸으로 깨어나, 몸으로 움직인다. 몸은 하루의 첫 번째 질서다. 노래를 틀어 몸을 데운다. 몸을 적시고 씻기고, 닦는다. 피부 위를 흘러가는 물의 감각, 천천히 흡수되는 향기, 말없이 정리되는 머리칼의 결. 그 모든 것들이 하루의 전조로 놓인다. 아무렇지 않게 보이는 반복적인 행위들이 실은 오늘 하루를 잘 부탁한다는 감정과 감각의 미세한 균형을 맞추는 작업이다.

 어떤 옷은 기분보다 단단하고 어떤 옷은 기분보다 느슨하다. 그 사이를 고르는 감각은, 자신에게 어떤 하루를 허락하겠다는 태도와도 같다. 무엇을 걸

칠 것인지, 무엇을 걸치지 않을 것인지. 어떤 색을 두고, 어떤 부위를 비워둘 것인지. 그 선택들이 오늘의 서사를 준비한다.

몸을 지나가는 모든 것들이 가벼운 우연이지 않기를 바란다. 그날의 마음에 어울리는 물건과 그날의 기억을 남길 수 있는 냄새와 그날이라는 시간을 통과하는 나. 그것이 '좋아하는 것들'의 총합이라면, 그 총합은 단순한 취향이 아니라 나를 정성스럽게 다루겠다는 의지일 것이다.

가벼운 가방이 문을 넘고, 풍경보다 감정이 먼저 실외로 나아간다. 어쩌면 이런 날의 외출은 계획이 아니라 조용히 완성된 태도의 결과처럼 느껴진다. 그러니까 외출은, 모든 감각을 나에게 맞추기 위해 보내는 시간의 종합이 된다. 그렇게 하루는 귀해진다.

# skit



 벽은 보이지 않았지만, 나는 내가 있는 곳을 방으로 알고 있었다. 얼마나 큰 방인진 모르겠지만, 사람들이 엄청 많았다. 대체로 그들의 얼굴은 흐릿했는데 몇몇은 분명 내가 아는 얼굴이었다. 그들은 나를 에워싸고 있었고 어떤 이유 때문인지 나는 한가운데 있었다.

 그런 것들을 알아차릴 때쯤, 미미하게 딱딱한 것들이 부딪히는 소리가 났다. 소리가 나는 쪽을 보니 작은 벌레가 있었다. 바퀴벌레같이 생긴 것이 날개를 활짝 펴고 뭐라 말하고 있었다.

 벌레가 말을 하다니. 끔찍했다. 더군다나 말을 할 때마다, 유광의 껍질이 따그닥따그닥 움직였는데 움직이면서 발생되는 그 껍질 소리가 정말 섬뜩했다. 이 상황을 끝내고 싶었다. 하지만 내가 뭔가를 하려고 격하게 움직이면, 순간 벌레가 달려들 것 같았다.

그래서 벌레가 알아채지 못하도록, 천천히 벌레와 거리를 뒀다. 그러자 나를 에워싸고 있던 사람들이 웃기 시작했다.

왜 웃는진 모르지만, 나는 진지했기에 그만 웃었으면 했다. 하지만 사람들은 계속 웃었다. 상황이 그러다 보니 나만 심각한 사람이 되고 싶진 않았다. 특히 아는 얼굴은 내게 분위기를 깨지 말라는 듯 신호를 주는 것 같기도 했다. 그런데 나는 그 신호가 너무 미웠다. 나의 심각한 상황을 몰라주는 것이. 아니면, 알면서도 외면하는 것이.

벌레는 사람들의 웃음소리에 맞춰 신이 난 듯 몸집이 더 커졌다. 그리고 계속 무언갈 중얼거리면서 내게 다가왔다. 껍질 소리는 날카로운 금속이 부딪히는 듯 찰그락찰그락거리며 더 크고 강한 소리를 냈다. 벌레가 커진 만큼 입모양도 보이기 시작했다. 말을 할 때마다 흉측하고 날카로운 이빨 수십 개가 오므려졌다 펴졌다 했다. 말의 내용은 중요하지 않았다. 언제 급습할지 모른다는 생각에 너무 무서워 견딜 수가 없었다. 날개를 강하게 펼칠 때마다 나는 비명을 질렀고 사람들은 더 크게 웃었다.

그 웃음소리가 얼마나 기분 나빴는지, 지금의 순간이 끝나면 저 웃고 있는 사람들 중, 아는 얼굴과는 기필코 절교할 거라는 다짐을 했다.

 벌레는 다시 한번 사람들의 웃음소리에 맞춰 몸집이 더 커졌다. 톱니 같은 벌레의 다리 털이 내게 닿는 듯했고 껍질 소리는 더욱 크고 괴상해져서 듣는 것만으로도 나는 숨이 쉬어지지 않았다. 이제 더는 못 버티겠다고 마음속으로 선언했을 때, 벌레가 타다닥 소리를 내며, 내 왼쪽 어깨에 올라왔다. 나는 소리도 지르지 못하고 그대로 정신을 잃었다.

## support

 

센서에 후방카메라까지 있는 요즘 시대가 어느 시대인데 너는 뒤를 봐주겠다면서 '오라이! 오라이!'를 크게 외친다.

그 정겨운 외침이 얼마나 믿음직스러운지 나는 힘껏 후진한다.

뒤를 봐주는 사람이 있다는 것이 이토록 좋구나. 든든한 뒷배. 든든한 너.

어떤 사랑은 언제나 뒤에 있다.

# encouragement

•

 '그래서 네가 원하는 건 뭐야'라는 질문 앞에 대답은 대체로 오래 걸린다. 그 물음은 종종 말해진 형태로 존재하지 않고, 언제나 감정보다 반 박자 느리게 따라오는 그림자처럼 나타난다. 구체적인 대답은 없지만, 때로는 그 질문을 오래 들여다보는 일만으로도 어떤 대답은 약간의 모양을 갖춘다.

 아마도 그것은 이런 것일 수 있다. 누군가의 말 한 마디가, 존재를 한 방향으로 움직이게 하는 경험. 해낼 수 있다고 말해지는 순간, 그 말의 형식이 가능성으로 변해 아직 도착하지 않은 능력을 현실로 밀어넣는 일.

 어떤 이름으로 불린다는 것은 존재가 새롭게 정의되는 방식이기도 하다. 그 이름이 가능성이라면, 그 가능성은 곧 방향이 되고 방향은 목적을 갖게 된다. 자신이 어떤 사람인지 모를 때, 어떤 사람이 되어야 할지도 모를 때, 누군가의 시선은 지도처럼 작용한다. 그 시선이 기대를 품고 있다면 사람은 그 기대에 도달하려는 방식으로 움직인다. 스스로를 채찍질하기 위해서가 아니라, 자신이 그만큼의 존재가 될 수 있다는 믿음이 자연스럽게 성장이라는 이름을 만들어내기 때문이다.

유치하다는 감정은 종종 가장 순전한 마음의 반영일 때가 있다. 멋있고 싶다는 욕망은 누군가의 자랑이 되고 싶다는 바람일 수 있다. 그 바람은 대상 없이 만들어지지 않는다. 누군가가 있어서 가능한 마음, 누군가의 말 한 마디에만 반응하는 마음, 세상 모든 말에는 아무 일도 일어나지 않다가 그 목소리 하나에만 유독 반응하는 그런 마음이 있다.

그래서 어떤 말은 단순한 말이 아니다. 말은 종종, 누군가의 생애를 완전히 다른 쪽으로 기울게 한다. 쉬운 일이 아니라는 것을 알면서도 그 말이 자신을 움직였다는 사실 앞에선 오히려 의심보다 믿음이 더 현실적이 된다.

그럴 수도 있다. 정말 그럴지도 모른다. 그러니까

사람이 어떤 존재가 되는 데엔, 그 자신이 아니라 그를 그렇게 말해주는 누군가의 언어가 먼저 자리를 마련하는 것이다.

# in the diary 2

 곧 어린이날이라서 만 원짜리 인형 키링 하나를 샀다. 종종 어린이가 되고 싶어 하는 너를 주려고. 집에 모아둔 포장지와 끈으로 포장하고 어린이같이 앙증맞게 장식해서 보기 쉬운 곳에 툭하고 놓아두니, 좋아할 너의 얼굴이 훤하다.

 만 원으로 두 사람이 즐겁다.

## original intention

새해의 메일함에 새로운 메일이 도착해 있다. 빳빳한 소식들.

새로운 것들에게선 고유의 에너지가 있다. 아직 사용되지 않음에서 오는 깨끗함, 아직 경험되지 않음에서 오는 신비로움. 그리고 무엇보다, 언제든 시작될 수 있다는 연약함. 그 연약함은 설렘과도 닮았다. 가능성에 기대는 감각. 무엇이든 시작할 수 있을 것 같은 착각.

어떤 메일에 조금 더 오래 머물렀다. 내용은 복잡하지 않았지만, 문장 하나하나가 좋아서. '글을 잘 읽었고, 몇 번의 감동이 있었으며 팬이 되었다고.' 그리고 마지막 문장.

글을 쓰고, 편집하고, 직접 발행하는 작가를 처음 본 것 같아서 더 감동이다.

잠깐의 정적. 스스로 익숙하다고 여겼던 방식이 외부에선 여전히 생소하다는 발견.

이제는 충분히 알려졌을 거라고, 이제는 어느 정도 자리를 잡았다고 생각했던 독립출판의 방식은 여전히 특정한 세계의 안쪽에서만 유효한 방식이었을까. 좁은 발판 위에서 서로를 지지하며 만들어낸 착각처럼.

몸 안이 분주해졌다. 예고 없는 종소리가 울리기 직전의 감각. 시간이 조금씩 밀려오는 소리. 언젠가의 인터뷰를 떠올렸다.

글 쓰는 사람으로 성공하는 방식이 하나인 건 너무 막막하고 슬픈 것 같다고, 이런 방식으로도 글 쓰는 사람이 성공할 수 있다는 걸 보여주고 싶다고.

무엇이 되고 싶냐던 물음에 '길'이 되고 싶다던 귀엽고 맑았던 나.

종종 그 말을 떠올렸다. 가능하다면 좋은 사례가

되고 싶다는 마음으로. 올해도 그 마음이 다시 목표의 형태를 가질지도 모르겠다. 이룬다고 해도 확인할 순 없겠지만.

다짐은 유치하다는 이유로 사라지지 않는다. 때로는 단순한 말이 가장 오래 남기도 한다. 이 일을 왜 시작했는지를 잊지 않겠다는 마음. 그 마음이 남아 있는 한, 형태는 달라져도 방향은 달라지지 않는다.

## 그럼에도 불구하고

 슬픔이 흐르는 도시에서도 삶을 지탱하기 위해 해야 할 일을 하며 일상을 보낸다. 생의 기초에 대해 자주 생각하는 요즘 다시 한번 '어떻게 살아야 하지, 무엇을 추구하지'라는 질문을 자주 던진다. 과연 내가 어른이 될 수 있을까. 유혹과 변명에 이길 수 있을까. 잘 나눌 수 있을까. 무사히 지켜낼 수 있을까. 나는 겁이 나지만 용감하고 싶고, 외면하고 싶지만 떳떳하고 싶고, 회의가 차오르지만 희망을 품고 싶다. 그러니까 그럼에도. 내 구원의 대답은 언제나처럼.

 그럼에도 불구하고.

# mother

    내 가족이 불안해하면, 이상하게 나는 더 씩씩해진다. 나까지 불안해하면 안 될 것 같은 느낌이랄까.

    이럴 땐 꼭 네가 떠오른다. 이 모든 것이 내가 너의 얼굴을 닮은 탓일 것 같아서.

    그동안 너는 가족들의 일상을 지키기 위해서 얼마나 불안하고 외로웠을까 싶다. 너와 같은 호칭을 가진 존재들이 갖는 위대함과 그 호칭이 주는 먹먹함에 대해 생각한다.

    그 위대함의 바탕은 '나만큼은 절대 흔들리면 안 된다는 외롭고 고독한 마음'일지도 모르겠다.

# in the diary 3

적은 돈으로 새로운 전셋집을 구하기 위해 매일같이 집을 보러 다니는 요즘. 너와 서울을 나왔다가 '저 집은 얼마나 할까?'하며 보이는 집마다 부동산 가격을 검색해 본다.

내 집이 없다는 서러움에 엄두 못할 가격이 참담할 법도 한데, 우리는 감탄을 연발하며 하나의 놀이처럼 즐긴다.

옆에서 키득 거리는 너를 보면서 생각한다. 세상 어떤 문제들도 너랑은 놀이처럼 재미있겠구나.

자주 마음이 안 좋은 요즘이지만, 사는 맛도 나는 요즘이다.

## at times

　말 없는 도시를 걸을 때마다 발은 자꾸 어디론가 가라앉았다. 딛는 것인지, 빠지는 것인지, 그것이 도시인지, 나인지.

　모래사장은 늘어나고 바다는 사라진다.

　건조한 사람들의 말라버린 눈과 서걱이는 지나침. 바다를 잃은 사람들은 밀물에는 밀물대로 썰물에는 썰물대로 미역처럼 흔들리다 모래에 머리를 박는다.

　괄호 모양을 한 말라버린 입 사이로 모래가 나온다.

## when i see you 2

    아주 작게 코를 골며 자고 있는 너를 보면 오늘 꽤 힘든 시간을 보냈겠구나 싶으면서 몸만 피곤했길 바란다. 나 모르게 혼자서 앓는 마음이 없었길.

summer


자릿세 없는 해변
누군가의 허락 없이도
바다는 눈앞에 있다


한낮의 몸이 식은 파도 위로
우리의 목소리가 둥둥 떠 있다
찰랑인다


여름의 해는
나보다 크게 너보다 세게
우리를 감싸고


녹음은 스스로 여름이 되어 열려있다


물고기의 등처럼 반짝이는 시간
수영이 아니라 유영
몸에서 떨어지는 말들

사람들


부유가 아니라 자유
몸 밖으로 해방되는 숨들
마음들


아무도 우리를 끌어내지 않고
누구도 우리를 삼키지 않는
찬란한 포말


여름처럼 흥정하는 시장 속으로
까만 봉지 찰랑이며 저녁 문으로


석양에 도로
저녁 산책
우리에게 바뀐 이름을 부르는 시간


걷다가 멈추고
뒤돌아 멈추고
달리기
나의 절반이 따라온다
달리다 달리다

숨과 섞이는 웃음
숨을 덮는 웃음
우리만 가득하다

바다 앞의 이름 없는 벤치
편의점 소주 한 병 맥주 한 캔
시장에서 산 오징어와 성게
캔 뚜껑을 따는 사운드
그리고 흥얼거림
네가 부르지 않은 노래의 가사를
다 외우고 있는 나

여름의 열기를 입안으로 굴리며
꿀꺽 삼키며
파도의 고요한 연극을 보며
밤으로 흘러간다
천천히

밤바다가 어둠을 닮아갈 때
우리는 다 닳은 하루를 포장한다
너는 나로
나는 너로

포개어서

대단한 계획 없이
세상의 한복판에서
호화롭게

# longing

이상한 밤이었다. 가끔은 텅 빈 공간이 온몸을 지나가는 느낌을 남긴다. 허전함일까. 무엇인지도 확신할 수 없는 감각. 조용한 물체들이 제자리에 있는데, 무언가가 사라진 자리가 여전히 남아있는 느낌. 언제부터인가 다시는 외롭지 않을 것 같다고 생각했었고, 그래서 외로움이 그리운 감정이기도 했는데, 막상 그 감정이 다시 도착하자 마음은 아무 말도 하지 못하고 가만히 있다. 빛도 그림자도 없이.

시 몇 편을 넘겼다. 어떤 시는 너무 조용해서 읽는다기보다 듣는 쪽에 가까웠다. 음악이 거의 없는 오래된 영화도 틀었다. 화면 속 장면들은 느렸고 말보다 여백이 길었다. 감정을 무디게 하기 위해, 시간을 무디게 만드는 나의 노하우 같은 것.

그래도 밤은 너무 길어 전선을 잡고 바닥을 훑었다. 기계음이 천천히 공간을 밀고 나가자 몸이 그것을 따라 움직였다. 의도 없이 반복되는 동작. 닦이는 바닥보다 기다림에 가까운 걸레질. 몸의 리듬이 마음보다 먼저 무언가를 감지하는 날이 있다. 두기 위해 닦는 책상, 깊은 구석의 먼지, 창문 틈에 남은 묵은 공기. 모든 물건들이 어떤 도착을 준비하는 것처럼 조용히 정돈된다.

냉장고 안에 녹차 아이스크림을 넣었다. 함께할 기다림을 만들면서 동시에 기다림이 녹지 않게 냉장고에 넣는 일. 일종의 약속.

모든 기다림이 말없이 완성될 수 있다면, 그 완성은 아마 이런 방식일지도 모른다.

청소기가 지나간 자리에 남은 질서, 익숙한 물건들 사이에 놓인 새 공기 그리고 녹지 않는 아이스크림.

# longing 2

 공간이 무너지는 데에는 별다른 충격이 필요하지 않다. 대답이 없다는 것만으로도, 집이라는 구조는 어느 한 지점을 중심으로 천천히 기울기 시작한다.

 거실 복판에 있는데 집이 너무 커서 부엌의 끝과 웃방의 끝, 안방의 끝이 갈 수 있다고 갈 수 있는 공간이 아니라 전혀 다른 공간처럼 느껴진다. 여기서 너를 부르면 네가 바로 건너에서 "안방—!" 하고 대답해야 공간이 연결되는데 그게 없으니, 안방이 사라진 느낌이다.

 그 하나의 대답이 돌아오는 방식. 그 단순한 회신 하나로 공간은 이어진다. 그러나 응답이 사라지면 집은 하나의 덩어리가 아니라 분절된 단위로 조용히 부서진다. 그리고 그 안에 있는 사람은, 사라진 대답을 기억하는 방식으로만 존재하게 된다.

공간이 이렇게도 무너질 수 있다는 걸, 나는 깨닫는다. 네가 없는 동안 나는 하나의 공간 안에 있는 것이 아니라 하나의 부재 안에 있다. 그리고 그 안에서 시간을 보내는 일은 남아 있는 감각들을 남아 있는 시간만큼 붙잡는 일이다.

네가 있는 쪽으로 창문을 열어두기로 한다. 공기가 공간을 새로 그릴지도 모른다. 어쩌면, 바람이 어딘가에서 대답처럼 들어올지도. 그럴지도 모른다. 그럴 수도 있다.

# longing 3

    밤은 대체로 조용하지만, 몸은 쉽게 잠들지 않았다. 몇 번이나 네가 있던 방향으로 돌아누웠는지 모르겠다. 걱정되는 마음이 이불의 무게를 견뎌내는 방식이었을까. 등이 뻐근하다.

    기다림은 본래 가만한 일이지만, 걱정이 스며들기 시작하면 그때부터 기다림은 더 이상 머무는 일이 아니고 견디는 일이 된다.

    걱정은 기다림의 형태를 빠르게 바꾼다. 말은 조심스러워지고, 침묵은 무거워진다. 그래서 결국, 남겨진 마음은 기도 비슷한 것을 만든다. 마치 돌탑을 쌓는 일처럼. 흘러내리면 안 돼, 무너지면 안 돼. 하나씩 조심스럽게 얹으며. 그렇게 쌓은 것들이 어떤 간절함의 형식이 되기를 바랐다. 가볍게 포장된 말이 아니라, 오랫동안 침묵하는 무게로.

견디는 하루는 이상한 방식으로 흐른다. 괴로운 마음의 긴장과 사소한 감정의 집착으로 시간은 지겹게 길어지는데, 또 너라는 사건이 없어서 몇몇 시간은 요약되어 짧아지기도 한다.

짧기도 하고, 길기도 한 하루. 허술한 시간은 곁의 유무에 따라 축소되거나 늘어나고 나는 깨닫는다. 시간이 이렇게 무너질 수 있다는 걸.

# in the diary 4

 

 네가 출장 간지 이틀 째다. 항상 네가 출장 가기 전에는 그 출장 소식이 반가운데, 막상 떠나고 혼자 남겨지면 참 기분이 묘하다. 특히 하루가 끝나고 집에 왔을 때 정지된 가구를 볼 때라든지, 자기 전 밋밋한 침대에서 유독.

 너에 대한 사랑이 대단히 유별난 것도 아니면서 매번 이렇다. 독주나 마시고 누워 스러져야지.

# baton

   나날이 작아지고 가벼워지는 너를 보면 나는 겸손하게 허공을 쌓는다.

   지금의 내가 이루어 낸 것들 모두 넓은 어깨의 네 사진에서 본 적 있던 것들이라서.

   너도 다 가져봤던 것들, 그리고 지금은 순서도 없이 사라진 것들.

   너는 나를 자주 추켜 세운다.

   하지만, 나는 그때의 너보다 어깨가 좁고 누구에게나 거쳐가는 것들을 짊어진 채 으스대는 내가 부끄러워 손을 감춘다.

# better half

 반쪽이라는 호칭이 싫다는 남자의 목소리가 담을 넘어 들린다. "사랑하는 사람이 어떻게 나의 반쪽이 되냐고. 나는 나, 너는 너." 나는 몸을 기울여 남자의 이야기를 듣는다. "그럼, 상대방이 없으면 반쪽짜리 사람이야?"

 토론은 끝났고 남자의 문장은 남았다.

 반쪽이라는 호칭에 대해 생각했다. 다정한 언어의 범주 안에 있는 말. 나의 반쪽 …. 너무 오래된 말이라 그런지, 말이 말 아래로 가라앉아있다.

 '반쪽'이라는 말이 상정하는 전제는 '불완전함'이다. 그리고 어떤 이들은 이 불완전함이 모욕이라고 여긴다. 자신을 스스로 완전한 존재로 세우기 위해, 누군가에게 기대거나 기댄다고 상상되는 언어를 불편해한다. 하지만 나는 '반쪽'이라는 말이 부족하거나 결핍되었기 때문이 아니라, 서로의 시간을 겹쳐 살아낸 자들만이 얻어낼 수 있는 덤이라고 믿는다.

반쪽이라는 말은 의존이 아니라 공명이다. 나의 말이 너에게 옮아가고, 너의 말이 내 안에서 반향 될 때 그 감정은 내 안에서만 일어나지 않는다. 그 감정은 너에게서 온 적이 있고, 다시 너에게로 돌아간다. 그 반복 안에서, 우리는 같은 공간과 같은 시간을 살아낸다. 그리하여 우리의 감정이 '각자만의 것'이 아님을 깨닫는다.

같은 거실, 같은 식탁, 같은 습관. 같은 저녁을 여러 번 통과하면서 내가 말하지 않은 걸 네가 기억하고, 네가 기억하지 못하는 걸 내가 대신 붙잡는다. 그럴 때 어떤 기억은 나의 것인지 너의 것인지 알 수 없다. 우리가 서로를 오래 응시했기 때문에, 너의 시선이 내 눈을 닮았기 때문에.

그러니까 나는 내 안에 내 기억과 너의 기억의 혼합된 조각을 가진다. 나는 여전히 나이지만, 그 기억의 혼합을 통해 내 안에는 너의 시간이 일부 들어 있다. 그렇기에 반쪽이라는 말은 부족한 나를 채워달라는 간청이 아니라, 이미 오래도록 공유된 시간의 언어적 표지다.

시간은 공유될 수 있다. 공간도 마찬가지다. 그리고 그 공유는 '절반'을 만든다. 나의 하루가 너에게 전해졌고, 너의 피곤이 나의 무기력으로 바뀌는 날, 우리는 서로의 절반이 된다. '절반'이라는 말이 반으로 잘려 나간 불완전한 개체를 의미한다고 생각하면 안 된다. 그보다는, 하나의 완전한 존재가 또 다른 완전한 존재에게 자신의 시간, 공간, 감정, 기억을 열어주어 그 일부가 너에게 건너갔다는 뜻이다.

그래서 나는 가끔, 너와 대화할 때 마치 나 자신과 대화하는 것 같은 착각에 빠진다. 내가 미처 끝내지 못한 말을 네가 끝내줄 때, 그 말은 내 안에서 완성되지 않고, 우리 사이에서 완성된다.

절반이라는 말은 내가 혼자가 아니라는 말도 된다. 나의 절반이, 너라는 타자와 시간을 공유하고 있다는 뜻이다. 그것은 다정한 감정에서 출발하지만 오래된 생활과, 살아 온 현실 속에서 겹쳐진 채, 존재하기를 택한 사랑의 형식이다. 그러니까, "너는 나의 반쪽이야"라는 말은 '내가 너 없이 불완전하다'는 선언이 아니다. 그것은, 너에게 이미 나의 일부가 건너갔다는 뜻이고 네 안에도 나의 시간과 말이 머물고 있다는 인식이다.

그래서 나는 이 말을 좋아한다. '반쪽'이라는 말. 정확히 말하자면 '절반'이라는 말.

그 절반은 나의 축소가 아니라, 우리라는 장면의 확장이다. 그리고 그 확장은, 기억의 공유, 공간의 중첩, 시간의 흔들림 속에서 조금씩 겹쳐지고 자라나는 것이다.

# grandma

기억을 잃은 네가 내 이름을 불렀다.

아주 잠깐 기억이 돌아온 건지, 잃은 기억 속에서 내가 점멸하는 중인지 모르지만, 네가 내 이름을 부를 때 병실 안으로 함께한 모든 시절이 쏟아졌다. 너무 고맙고 미안하고 애틋해서 눈물이 났다.

너는 내게 울지 말라고, 무슨 생각을 하길래 우냐 묻는데, 그 말에 더 눈물이 났다.

## nostalgia

   반짝이는 어떤 기억을 가지고 있다는 건, 살아가는데 좋은 용기와 위로가 되는 듯하다. 그 기억만으로도 내 삶을 사랑할 수 있어서.

# fall


멀어지는 것들을 바라보았다
젖은 구름에 밀려나는 연기 같은 것
나무 아래로 가라앉는 이름 같은 것

바라보면서 나는 울었다
새하얗게
아주 헤어지는 것 같아서
다시 돌려받지 못하리라는 예감처럼
다시 걸어갈 수 없다는 예언처럼

헤어지지 않고는
살 수 없을까

가을은 나보다 오래 살아서
더 많은 것을 떠나보냈을까
잎들과
빛들과

새들과
약속과

그 모든 것들과 헤어지고도 꼿꼿한 가을은
이제 더 이상 이별하지 않는 것처럼 보인다
너무 많은 헤어짐에 이별이 무엇인지 모르게 된 걸까

나도 더 살아내면 그렇게 될까

헤어지는 사람의 이름을 불러보았다
이름을 부르는 동안에 기억들이 따라온다
살의 안쪽에 남은 빛 같은 것

가을의 기억은 나보다 오래되어서
더 많은 것들을 남겼을까
열매들과
노래들과
석양들과

그 모든 것들을 기억하고 있어서 가을은
이제 더 이상 이별하지 않을 수 있나

너무 많은 기억은 감정보다 더 생생해서 헤어짐은 더 이상 이별이 아니게 되었나

헤어지는 사람의 이름을 부르는 동안에
나는 혼자였지만
혼자라는 생각이 들지 않았다
아무도 없는 자리에도 몰려 있는 기억들 속에서
네가 말을 걸어온다

어쩌면 우리는
헤어지지 않는 사람들
기억으로
기억 속에서
기억을 품은 채
다른 곳을 걷고 있을 뿐인
멀리 있는 사람들

## in the diary 5

　새롭게 공간을 채우고, 그곳에서 새로운 시간을 채우는 요즘. 생에서 죽음까지의 사이는 어떻게 채울 것인가를 새롭게 생각한다.

　보이는 것들에 나를 내어주지 않기 위해서, 어쩔 수 없다는 유혹에 흔들리지 않기 위해서, 어른이라는 말로 나를 속이지 않기 위해서. 나에게 자랑하고 싶은 선택들로.

　그저 삶에 충실하게, 성실하게.

# skit 2

 회전문을 본다. 북적이는 사람들의 리듬과 어긋난 채, 묵묵히 제 궤도를 따라 도는 투명한 원형의 문. 그 회전문의 반복되는 소리는 어딘가 닮아 있는 육체 같다. 서걱이는 소음이 파도 소리처럼 도시의 한복판에 쌓인다.

 회전문은 돌고 회전문 속 사람들도 돈다. 바보들. 아마 자기들이 돌고 있는 것도 모르겠지. 멀리서 보고 있으면 모두가 몸에 맞지 않은 놀이기구를 탄 사람들 같다. 의무적으로, 혹은 무심하게 그 안에 탑승한 채 가늘게 진입하고, 아무 일 없다는 듯 빠져나온다.

 조심 없이 밀고 들어오는 이들과 회전을 멈추게 만드는 크고 둔한 몸, 그 안에서 순응하듯 흐름에 몸을 맡기는 이들. 그 모든 풍경 속에서, 진지하고 성숙해 보이는 것은 오직 회전문 하나뿐이다. 지나가는 사람보다 더 오래, 더 성실하게 시간을 반복하는 회전문.

 선생님은 사람들이 회전문을 통과할 때마다 숫자를 세었다. 유동 인구가 어쩌고 월세가 어쩌고 매출이 어쩌고 하면서. 나는 순간 구토가 올라와 안간힘을 다해 사람을 사람으로 본다. 그런데 사람으로 본다는 것은 무엇일까. 사람을 몸으로밖에 볼 줄 모르면서. 순간, 내 입에서 구토 냄새가 났다.

 사람마다 입은 옷과 손에 들린 것 그리고 그들의 뒷모습을 본다. 어떤 아이의 옷은 3년은 입어야 한다던 어머니의 당부가 있고 어떤 중년 남자의 손에는 몸을 팔아넘겨 쟁취한 생의 트로피가 있고 어떤 숙녀의 등에는 상처로 굳어진 침묵이 있다. 내게는 무엇이 있나. 있을까. 무엇이라도.

 나도 이제 회전문으로 간다.

# from Ilsan

 빛이 꺼지지 않는 창을 가진 적 있었다. 도시는 잠들었지만, 항상 나의 창만은 늘 깨어 있었다. 누군가는 그것을 등대라고 불렀다. 농담처럼 던진 말이었지만, 기분이 좋았다. 나의 깨어 있음이 누군가의 길이 되는 비유 같아서.

 한때 그 빛은 손안에 있었다. 그리고 지금, 불빛이 다시 보인다. 이번엔 손에서 멀리 떨어진 곳에서.

 밤이 내려도 꺼지지 않는 빛. 그 불빛은 가끔 창 하나의 밝기가 아니라 나를 기다리는 마음의 밀도처럼 보이기도 했다. 나는 매일 그 빛을 따라 걸었다. 마치 등대의 빛을 방향 삼는 항해처럼. 그런데, 매일 반복되는 길 위에서 갖는 익숙함은 안심을 주기도 하지만 때때로 내일을 너무 쉽게 예감하게 만들기도 했다. 그렇게 지금의 귀한 생활이 감각되지 않을 때, 삶은 조용히 납작해졌다.

언젠가 그런 날이었다. 항상 보던 불빛 너머로 별빛이 보였다. 등대 너머의 빛. 이 길의 끝에만 무엇이 있는 것이 아니라 더 먼 어딘가에도 또 다른 시작이 있을 수 있다는 작은 예시처럼. 한참 별빛을 보며 걸었다. 그리고 작은 불씨처럼 각오 같은 것이 돋아났다. 새로운 목적지에 대한 다부진 비장함보다는 아직 끝이 아니라는 격려로부터 시작되는 다음에 대한 생각.

다음에 대해 오래 생각했다. 어릴 적엔 '다음'이라는 단어가 피곤하고, 질질 끌리는 감정에 가까웠다. 하지만 지금은, 다음이 있다는 것만으로 견고해지는 감정이 있다.

다음이 있다는 것. 희망이었다.

# christmas

　크리스마스는 왜인지 모르게 마음에 걸리는 날이다. 사람들이 웃고, 가게마다 음악이 나오고, 불빛이 너무 많이 켜져 있어서 그런 걸까. 너무 특별하다고 말하는 그 하루가 사실은 아무렇지도 않게 지나갈 수 있다는 것 때문에. 그렇게 지나간 하루를, 뒤늦게 아까워하게 되는 일 때문에. 사라졌다는 사실보다 제대로 누리지 못했다는 감정이 더 아프게 남는 날.

　어젯밤이었다. 집 앞 거리에서 두 사람이 다투고 있었다. 얼굴은 잘 보이지 않았고, 목소리도 잘 들리지 않았지만 손에 들린 케이크와 빨간 목도리 같은 것이 오늘이 얼마나 아까운 크리스마스가 될 것이라는 걸 암시해 주었다.

　무너지는 하루가 있고, 그 하루가 너무 귀한 날이었다는 걸 나중에서야 깨닫게 되는 일. 나는 오래도록 그 장면을 생각했다.

그들이 후회하리라는 걸 알고 있었다. 나도 그랬기 때문에. 도망치듯 외면했던 얼굴들, 소중하다는 감각을 너무 늦게 받아들인 오후들. 창밖을 내다보는 네 옆얼굴이 너무 익숙해서 귀한 줄 몰랐던 계절이 있었다.

가끔은 그런 생각을 한다. 우리가 함께할 수 있는 겨울이 몇 번쯤 남아 있을까. 구체적으로 셈을 하는 일은 남은 날을 분명하게 만드는 일이고 그 분명해진 날들이 예감보다 적을 때, 그 순간부터 분명해진 날들은 조용히 귀해진다. 귀하다는 건 환하고 반짝이는 쪽이 아니라 사라지는 걸 알고 있는 마음의 온도 같은 것.

사랑을 어설프게 다뤘던 시간들이 어젯밤, 집 앞 거리에서 다투는 낯선 사람들로 다시 돌아온 것은 기억이 아니라 어떤 경고 같기도 했다. 그래서 더 오래도록 그 장면을 들여다보았다.

불현듯 찾아온 경고는 내게 경각심을 데려오고 경각심은 나를 분주하게 만든다. 다짐을 통해서.

경고 앞에서 다짐을 한다. 아주 소리 없이, 누구에게도 들리지 않게, 심지어 스스로에게도 들키지 않게 서랍 같은 데 넣어두는 다짐. 작은 감정에 마음을 무너지게 하지 않겠다는. 피로에 지지 않겠다는. 뾰죽한 말에 상처 주지 않겠다는. 겨울은 돌아오겠지만 지금의 이 계절은 다시 오지 않음을 알기에.

무너지는 날은 반드시 있고, 사라지는 감정은 어떤 방식으로든 도착한다. 그래도 다시 사랑하는 쪽을 택하기로 한다.

말보다는 눈을, 확신보다는 다정함, 시간이 우리를 줄여놓기 전에 서둘러 함께 있을 것. 나는 그런 다짐을 조용히 껴안은 채 겨울을 지난다.

# in the diary 6

여자의 옷을 사주면서 다른 여자의 옷을 생각한다. 외면해야 하는 그녀에게 미안하고 한 여자만을 위해 살겠다던 서약이 생각나서, 다른 여자에 대한 미안함이 또 이 여자에게 미안하다.

poem

잘린 잠 앞에 언제나 너
오래된 나의
오래된 너

감긴 수수한 눈
흠이라며 감추던 흉
쌓인 눈 같은 뺨

고요하게 들썩인다
잠든 너는 조용한 문장

너는 나를 향해 있다
나도 너를 향해 있다

아주 깊은 새벽
무해한 숲 속의 엉겨버린 나무 두 그루처럼
멸망한 어둠 속에서 너와 나 단 둘이

이토록 조용히
사실 세계는 이것이 전부인 걸까
꿈도 아니고 기억도 아닌 것
불 꺼진 방 안


너는 아무 말도 하지 않지만
나는 너를 읽는다
너의 뼈를 따라
여태 해석하지 못한 문장


말 대신 기억을
마치 책장을 넘기듯
반복하면서 반복한다
나의 마지막 일처럼


세계의 방식으로 잠들어 있는 너는 아무것도 모르고
너는 나를 잊고 있을까
내가 없는 곳에서


나는 너의 시간을 다 가져내고도 부족해서

소망한다 너의 꿈을
꿈의 더 깊은 꿈에서 더 깊은 꿈까지

네가 자는 동안
나는 조용한 물속처럼 은밀하게 너를 덮는다

# when i see you 3

 

 

곤히 자고 있는 너를 보고 있으면, 새삼 사랑스러워 부둥켜안고선 자고 싶은데, 그게 매번 불편해 그만둔다. 좀 덥기도 하고. 그런 마음으로 오늘도 너의 머리칼을 잡고 잔다.

## gravity

올해도 너와 계속 함께였다. 늘어지는 계절과 식지 않는 낮 사이에서, 하루가 사라지는 것을 지켜보며, 하루를 고스란히 함께 사라지게 하며.

사람들은 붙어 있는 시간을 분으로 계산하지만, 우리는 늘 계산을 잊어버렸고 잊은 채로 하루의 끝에 도착했다. 붙어 있는 시간이 많다는 건, 시간이 정확하게 흐른다는 뜻이 아니라는 걸 우리는 알고 있었다.

중력이 커질수록 시간이 휘어진다는 말을 들은 적이 있다. 둘이 한 자리에 오래 있을수록 한 사람의 시간은 조금씩 속도를 바꾸고 다른 사람의 시간도 그에 맞춰 굴절된다는 것을 어떻게 설명해야 할까. 함께 있다는 건, 흐르는 속도를 서로의 무게로 조정한다는 뜻일지도 모른다.

우리가 사는 하루는 다른 누군가의 한 달과 닮아 있다. 관계는 시간을 밀도로 증명한다. 그 농도가 깊어지면 느려지고, 가끔은 빨라진다. 늙은 것과 어린 것이 동시에 가능해진다. 소꿉놀이처럼 어리기도 하고, 다 겪은 사람처럼 낡아 있기도 하다. 말은 반복되고 사소한 다툼은 금방 지나가고 익숙함은 가끔 심심함으로 변하지만 심심하다는 감정이 꼭 나쁜 건 아니라고 우리는 서로를 보며 주장한다.

자주 붙어 있는 사람들은 드물다. 이렇게 매일, 이렇게 오래, 이렇게 가까이. 하지만, 가만히 보고 있으면, 분명히 그런 사람들이 있음을 안다. 다정하게 앉아 있지 않아도, 설명하지 않아도 비슷한 중력을 갖고 있다는 것을.

가끔은 그런 이들과 말하고 싶다. 우리의 속도를 이해할 수 있는 사람들, 매일의 반복을 이야기할 수 있는 사람들. 조금 빠르거나 조금 느리거나 조금 오래된 사랑을 알고 있는 사람들. 심심하다는 말을 농담처럼 할 수 있는 얼굴들.

너와 나, 우리는 시간을 조금 다르게 살아가고 있

다. 우리가 오래 붙어 있을수록 세상의 시간과는 조금 더 멀어지고, 조금 더 안쪽으로 휘어지고 있음을 느낀다. 다른 시간이 우리에게 있다. 그 시간을 살아내는 일, 그 자체가 오래된 말의 방식이라는 걸 우리는 오늘도 조용히 지나가며 배운다.

너와 붙어 있는 오늘도 아무 말 없이 천천히 휘어진다.

## to me

과분하게 즐거운 오늘을 기록한다.

외로웠던 과거의 나에게,

언젠가 쓸쓸할 미래의 나에게 들려주기 위해서.

# friend


내 머리카락은 꼭 나같이 자라서 이발하기 너무 힘들다며 웃는 너의 손은 습진으로 피부가 갈라져 있다. 멍청한 짐승이 남긴 시간의 고집처럼.

망가진 것이 손뿐이랴 어깨도 망가졌다는데, 그 말을 듣고도 여태 몰랐던 쪽은 오히려 타박하는 말로 마음을 옮겼다. 화가 났던 건 너의 무신함이 아니라 내가 이제야 알았기 때문이다. 흐르는 말들 속에서 너는 잠시 손을 멈추고 어깨를 주무른다.

삭, 삭 - 정적 속에서 머리카락이 잘리는 소리가 꼭 날카로운 우리의 고지서처럼 울렸다.

나도 분명 고장 난 게 있을 텐데, 너무 속상해서 너보다 더 고장 나고 싶었다.

너의 고장이 낯설지 않도록, 내 안의 균열이 미안

하지 않도록, 조용히 너보다 더 고장 나고 싶었다.

# wedding anniversary

 우리의 시간은 잘 지나가지 않았다. 일 년이란 말로 묶이기에는 그 안에서 너무 많은 일들이 일어났기에. 무겁거나, 무난하거나, 그 어떤 것도 아니었던 날들이 서로의 곁에 쌓였다.

 어떤 날은 서로의 얼굴을 오래 들여다보았지만 아무 말도 하지 않았고, 어떤 날은 하루 종일 말로만 버텼다. 가끔은 시간을 잘 견뎌냈다고 믿었고, 가끔은 시간이 우리를 견뎌냈다고 생각했다. 지나간 날들이 꼭 시간이라는 말로 정리되지는 않는다. 그것들은 때로 감정이었고, 때로 눈치였고, 때로는 기도에 가까웠다.

 그러니까, 결혼기념일은 어떤 축하의 날이라기보다 그저, 살아냈다는 기록의 날처럼 느껴졌다.

 무엇을 위해 싸운 것도 아니었고, 누구와 겨룬 것

도 아니었다. 그냥, 서로를 무너지게 하지 않는 일이 중요했다. 아주 조용한 방식으로. 침묵을 주고받고, 고개를 끄덕이고, 가끔은 고개를 돌린 채 서로를 이해해 보려는 일.

같은 말을 반복하게 되면서 같은 말이 점점 달라지기도 했고, 같은 표정을 닮아가면서도 자주 서로를 모른 체했다. 가끔은 서운했고, 자주 황당했다. 물론, 그 모든 걸 촘촘하게 기억하지는 못하지만 그 모든 걸 버티며 여기에 있다는 사실이 조금 기념비처럼 느껴졌다.

매일을 최선으로 보내는 우리에게 날짜는 허술하지만, 결혼기념일은 무언가를 세워야겠다는 생각이 들었다. 돌로 만들진 못하지만 마음 안에 조용히 생긴 어떤 것. 말로 새기지 않아도 형태를 가지는 감정. 그 위에 손을 얹어보는 일.

언젠가 사람들 앞에서 했던 서약을 가끔 속으로 조용히 되뇌었다. 얼굴의 방향을 어느 쪽으로 두어야 하는지 상기시키기 위해. 무엇을 위해 살겠다고 한 그 말대로 살고 있는지는 점검하기 위해. 투덜거리면서도 결국 돌아가는 마음.

 물론, 그때마다 성실하게 몸을 돌렸지만 생각보다 늦게 돌아간 날도 있었다. 같은 자리에 다시 도착했지만 이미 감정이 엇갈린 채 지나가버린 순간도 있었다. 그래도 결국엔, 그 말로써 돌아올 수 있었던 날들이 더 많았다. 말이라는 것이 삶을 바꾸진 못하지만, 삶이 다시 말을 불러오는 경우도 있으니까.

 다시 턱시도를 입었던 날의 서약을 생각한다. 시간이 지나면서 무언가가 쌓이는 것이 아니라 무언가가 사라지는 쪽이 더 많음을 느끼기도 한다. 감정이 더 명확해진다. 지금 남아 있는 것과 지금 남아 있는 마음들. 모든 것이 또렷하지 않아도, 남겨진 감정들이 장면을 계속 이어가게 한다. 누군가를 오래 사랑한다는 건, 오래 기억한다는 뜻이 아니라 오래 곁에 앉아 있다는 뜻이라는 걸 깨달으며.

 기념일은 과거를 부르는 날이 아니라, 지금을 다시 살아보자는 다짐에 가깝다. 오늘이 어제가 되어도, 그다음이 다시 이어지도록. 말보다 오래가는 것들이 있다는 걸 확인하면서.

기념이란 건, 누가 함께 기억하는가 보다 누가 함께 지나왔느냐에 가까운 일이다.

# in the diary 7

 

 

결혼기념일을 맞아 앞으로 먹을 밥그릇 두 개를 샀다. 보통의 하루를 계속 함께하자는 약속의 일이었다.

결혼기념일을 맞아 작은 여행도 다녀왔다. 기특한 우리에게 상 주며 살자던 약속을 지키는 일이었다.

결혼기념일을 맞아 기념사진도 찍었다. 하찮은 것도 행복으로 바꿀 줄 알게 된 우리를, 기어코 서로의 기분을 제일로 여길 줄 알게 된 우리를 기록하는 일이었다.

# me time

우글거리는 이기와 적의(敵意) 밀도로부터 아주 조금 벗어나 있는 동안, 그저 거기 없다는 이유만으로 나는 투명한 숲 어디쯤에 누워 있는 것 같은 자유를 느낀다.

몸을 펼쳐도 부대끼는 것이 없어 숨어 커진다. 빛이 아니라 빛이었던 것 같은 것이 반짝이는 듯하고, 차가운 향을 가진 바람이 부는 듯한 착각이 든다.

자유는 늘 이 정도다. 자리를 만들지 않아도, 깃발을 세우지 않아도. 잠깐의 그늘처럼.

자유는 언제나 그곳을 빠져나오는 몸의 방향으로부터 시작되기 때문에 어떤 자유가 길어지고 있는 바로 그 순간, 나는 이미 그곳으로부터 도망치고 있다.
다시 자유로워지기 위해서.

winter

겨울이 창문에 맺힌다

연말이다

이 계절은 꼭
등 뒤에서 다가온다

몸을 돌려 올해를 돌아본다
파편처럼 메모해 둔 문장에
미루었던 마음이 있다

생활에 파묻혀
쓰이지 않은 말들
닿지 않는 사람의 이름처럼
호명되길 기다리나 말이 되지 못한 말들

남겨두었던 사랑이 있나

미루었던 마음만큼

어떻게 꺼내야 할지 몰랐던 것들

'올해가 끝나기 전에'라는 말은
없는 문을 열려는 몸짓 같아서
지금 쓰기로 한다
남겨진 채 숨만 쉬던 사랑을

모든 것이 끝난 것처럼 보이는 계절에
아직 아무것도 끝나지 않은 계절에

무엇이 되지 못한 사랑은
되지 않았기 때문에 여전한 가능성

나는 한 단어씩 꺼낸다
이름도 아니고
고백도 아닌 것들

남김없이 쓰기로 한다
완성되지 않더라도
고쳐내지 못하더라도

# link

 타인의 삶에 침범하지 않는 것이 미덕이라 믿을 때, 충실히 내 삶만을 산 적이 있다. 타인의 삶에 닿지 않으려 노력한 만큼 내 삶의 크기는 작아졌지만, 나름 만족했다. 작은 내 삶에 내 것들은 충분했으니까.

 오래된 책들, 낡은 식탁, 바쁘지 않은 저녁. 다 내 것이고, 나만의 세계였다. 그 안에서 모든 것이 조용했고, 조용하다는 이유로 안정이라 믿었지만 어쩐지 마음은 자주 흔들렸다. 남의 것이 부럽다기보다는 내 것이 사라질까봐 무서웠다. 작은 삶이었기에 귀중했고, 귀한 만큼 잃을까 늘 곤두서 있어야 했다.

 하지만 영원한 건 없고 내 것들이라고 생각한 것들이 하나둘 사라져갈 때 나는 너무 쉽게 외로워졌다. 음습한 작은 삶에 갇혀서. 그 안에는 문도, 창도 없었다.

그때 나를 구원해준 건 타인이었다. 내 삶에 침입하지 못하게 내가 철저하게 차단했던 타인. 내가 약해진 틈을 타서 기어코 침범한 타인. 그 타인의 크기만큼 내 삶은 커졌고 내 삶에 하나둘 귀찮은 것들이 생겨났다.

한 사람의 습관, 말투, 기분을 눈치 보게 되는 귀찮음. 익숙했던 순서가 흐트러지고, 예정에 없던 감정이 하루를 방해하는 피로. 하지만 그 피로가 자꾸 무언가를 증명했다. 이제는 혼자가 아니라는 것. 내 하루는 더 복잡해졌지만 누군가와 함께 겹쳐졌다는 사실이 삶을 더 살아지게 만들었다.

그렇게 외로움이 사라졌다. 그 후로 타인에게 자주 내 삶을 허락했고 내 삶은 복잡하게 얽히며 커져버렸다. 이제 내 삶은 피곤할 때가 많지만 꽤 괜찮은 삶이 되었다. 슬픈 날도 많지만 기쁜 날도 많다. 누군가의 무엇이 될 수 있다는 보람도 좋고 누군가가 나를 확인하는 것에 안전을 느끼기도 하며, 무엇보다 혼자가 아니라는 사실에 자주 위로와 용기를 얻으며 자존한다.

타인의 삶 앞에 벽을 세우던 과거의 나를 본다. 지켜져야 할 나의 삶과 이뤄져야 할 나의 성공이 흐뭇하다. 응원한다. 하지만 이해와 손해를 박하게 따지며 나의 것을 지키기에 급급한 과거의 삶은 옹졸하거나 초라해 보인다.

'누가 어떻게 보든 상관없어'라고 말하며 이웃에 속하지 못하고 화면으로 군중을 기웃거리던 나는 가엾기만 하다. '나는 괜찮아', '굳이', '그냥 혼자가 편해'라는 말들. 사실은 거절이 아니라 미리 포기한 감정들이었다는 걸 한참이 지나서야 알았다. 냉소는 혼자의 방식이 아니었고, 외로움의 가장 예의 없는 변주였다. 그때의 나는 쾌(快)했지만 어딘가 쾨쾨했다.

과거의 내가 마음을 열길 바란다. 우리는 네 것을 탐하는 적이 아닌 네 것에 박수를 보내 줄 이웃이라는 걸 깨닫길 바란다. 이 모든 것으로부터 상관없는 쿨함을 가졌어도 악취가 나지 않게 마음을 열길 바란다. 가족을, 이웃을, 사람을, 함께 했던 모든 것들을 사랑하길 바란다.

네게서 나온 숨이 내게 들어오고, 내게서 나온 숨이 네게 들어간다. 허파로부터 시작되는 우리의 끈. 사실 우리는 단 한 순간도 연결되지 않았던 적이 없었다.

# in the diary 8

 사진첩엔 너의 사진뿐이다. 즐거울 땐 사진을 찍고 우울할 땐 글을 쓴다고 했었나. 일기장도 온통 너다.

 나의 지독한 즐거움이자 우울이여.

## to me 2

 

 아주 가끔, 내가 옳다고 생각한 것들이 무너지는 때가 올 것을 예감한다. 그때가 오면 나는 어떨까. 알고 있음에도 많이 아프겠지 싶다. 그런 그때의 나에게 타임캡슐 같은 편지를 남겨야지.

 모든 선택은 자랑스러웠고 누구도 미워할 필요가 없다고, 나는 그저 나다운 삶을 살았다고. 낭만 있게.

# skit 3

 임시로 지어진 비닐 텐트 몇 채가 바닥에 밀착되어 있다. 겨울이 오기 전에, 혹은 이미 겨울인 그 자리에서 가졌던 걱정을 다행으로 마주한다.

 한 사람이 다가온다. 낡은 외투, 느린 걸음, 바깥을 견디기 위한 표정. 그는 담배를 청한다. 나는 그가 말을 끝까지 다 내기도 전에 담배를 꺼낸다. 판단이 아니라 반사에 가깝다. 사람들이 외면하는 방향을 먼저 알고 있는 몸의 본능.

 두 번째 사람이 온다. 나는 주저한다. 그러나 거절의 언어는 입 밖으로 나오지 않는다. 세 번째 사람이 손을 내민다. 움직임은 겹쳐지고, 나는 이미 어떤 흐름에 편입된 후다.

 가까이에 서 있는 정돈된 외모의 사람들은 시선을 던지지 않으면서도, 모종의 서열을 부여하는 눈빛으로 나를 바라본다. 그 시선의 결은 말보다 따갑다. 나는 손에 남은 담배를 모두 꺼내어 나눠준다. 이 행동이 연대인지 피로인지, 나조차 모른다.

 서울역 안으로 들어선다. 공간은 계속해서 사람을 밀어낸다. 사람들은 흘러나오고, 나는 그 흐름을 거슬러 걷는다. 도시의 움직임은 한 방향으로 기울어 있고, 나는 그 안에서 작은 오탈자처럼 존재한다.

 볕이 강하게 쏟아진다. 빛은 따뜻하지 않고, 투명하지도 않다. 그저 모든 것을 똑같이 비춘다. 차갑게 드러나는 것들 사이에서 나는 걷는다. 누구도 나를 보지 않고, 나 역시 누구도 보지 않은 채.

 장면은 지나간다. 그러나 어떤 장면은 지나가고도 남는다. 살고 있다는 사실보다, 살아내야 한다는 감각이 온다.

## 아무도 초라하지 않게

아주 가끔, 누군가에 의해 내가 사랑하는 사람이 무시받는 장면을 보게 된다. 무언가를 평가하는 말투, 지나치게 가벼운 농담 (…) 의도하지 않은 듯한 무심한 시선.

그런 것들이 쌓여서 결국 한 사람의 존재를 초라하게 만든다. 대놓고 말하지 않아도, 사람은 알게 된다. 자신이 지금 가벼워졌다는 것을. 지워져도 되는 사람처럼 다뤄졌다는 것을.

그럴 때, 나는 이상하게 화가 난다. 정작 그 사람은 괜찮다는 표정을 짓고 있는데, 나는 조용히 식지 않는 분노를 품게 된다. 이상하다는 걸 안다. 그 상황이 내게 상처를 주는 건 아닌데, 왜 이토록 화가 날까. 화는 맞을까.

한동안 그 감정의 이름을 붙이지 못했다. 불의에

대한 분노라고 하기엔 너무 사적이고, 자존심이라기엔 타인의 말 앞에서 내 자존심이 무너질 이유는 없으니까.

그러다 문득 알게 되었다. 그 사람은 그런 대접을 받을 사람이 아니었다는 것.

나는 그 사람을 매일 보았다. 삶을 겪어내는 얼굴, 서투른 말투, 자주 멈추는 손끝, 조용히 잊고 있던 일을 누구보다 먼저 기억해내는 방식. 그 사람은 누가 함부로 말할 수 있는 사람이 아니었다. 내가 그렇게 만들어두지 않았다. 그 사람은 내가 오랜 시간 들여다본 존재였다. 귀하게 생각했고, 조심스럽게 받아 적어왔고, 때로는 울면서 지켜보았다.

그러니 누군가가 그 사람을 가볍게 여기는 순간— 나는 단지 '무시했다'는 사실에 화가 난 것이 아니라, 그 사람이 지닌 고유한 아름다움이, 세상의 거친 손에 의해 훼손되는 것 같아 화가 났던 것이다.

그 사람의 존엄이 깎이는 자리에 나는 늘 없었다. 있었지만, 나는 없었던 것이었다. 그래서 어쩌면, 그 분노는 타인을 향한 것이 아니라 그걸 막지 못한 나를 향한 깊은 질책이었을지도 모른다.

나는, 그 사람을 그렇게 사랑한다고 말했지만 그 사람을 지켜주는 방식에는 모르는 것이 많았고, 알고 있는 것들은 대개 서툴렀다. 그래서 화가 난 이유는 아마 나의 무력함 때문이었을 것이다.

그가 무시당하는 순간, 나는 그 사람을 사랑한다고 말할 자격이 없어진 것 같았다.

나는 조용히 적었다. 나만큼은, 나부터가 그를 초라하게 만들지 않겠다고. 내 말로, 내 눈빛으로, 그의 어깨를 낮추지 않겠다고.

함께하는 시간이 길어질수록 우리는 상대를 너무 잘 안다고 착각하게 되고 동시에 매일 보인다는 이유로 흔하게 감각한다. 그 착각은 가장 먼저 말에서 드러난다. 무심한 말투, 생략된 문장, 다 말하지 않아도 알 거라는 묘한 오만. 그다음은 눈빛에서, 그리고 마지막엔 행동의 순서대로.

그러니까 내가 고르지 않은 말이 그를 가만히 밟지 않도록, 무의식의 순위에서 그가 뒤로 밀리지 않도록, 비록 나에게 가장 흔하고 쉬운 사람이지만, 그것으로부터 오는 반응보다 먼저 그의 얼굴을 떠올리자고. 사랑할 자격을 갖기 위해.

그 마음으로부터 시작되는 조용한 진실 하나가 병렬로 놓인다. 나 역시 초라해져선 안 된다는 감정. 사랑이라는 이름으로 나를 내려다보는 시선, 권위처럼 위에 앉는 태도, 정당화되지 않는 비난의 언어. 그 모든 것이 사랑이라는 이름 아래 들어와도 나는 나를 초라하게 만드는 그 어떤 것과도 화해하지 않을 것이라는 마음.

사랑은, 둘 중 누구도 초라해지지 않는 거리에서만 유지될 수 있다고 생각한다. 그 거리는 가까움이 아니라 존엄의 간격이다. 나는 그 사람에게 다가서되, 그 사람을 침범하지 않을 것이다. 그 사람 또한, 나를 무너뜨릴 수 없다.

함께 있는 시간은 익숙함의 축적이 아니라 존엄을 유지하는 습관이다. 사랑을 오래 유지한다는 건

존중을 반복하는 일이다.

 나는 그 사람을 지키기 위해 사랑하고, 나를 지키기 위해 사랑을 지키려고 한다. 사랑이라는 감정이 서로를 들어올릴 수 있을 때— 우리는 비로소 사랑이 아니라 사람을 마주하게 되는 것이라고 믿는다.

# in the diary 9

 침대 정리를 하면서 너와 내 베개를 나란히 놓는 데 순간, 그 느낌이 참 좋다.

 뭐랄까, 거친 하루를 마치고 나란히 누울 우리를 준비하는 일 같다고 할까.

 삶의 끝을 예감한다. 그 끝이 참 마음에 든다.

2020년 8월 　—

— 2025년 5월

가족, 독자들, 식물들, 물건들, (…) 읽는 생활,
쓰는 마음, 세계 그리고 나.

사랑하는 데 삶을 쓰고 있다.
이보다 더 좋은 행운은 없다고 여기면서.

This book is dedicated to my wife, Mirim—who revealed to me the quiet truth of what love truly is.